La gran presentación de Kwan

por Kimberly Jackson
ilustrado por Carolina Arentsen

Printed in the United States of America

ISBN 0-15-319947-4

Ordering Options
ISBN 0-15-319963-6 (Grade 5 Collection)
ISBN 0-15-319984-9 (package of 5)

1 2 3 4 5 6 7 8 9 10 026 2002 2001 2000

Mientras tocaba la sonata una vez más, Kwan miraba disimuladamente hacia el patio y pensaba en el trampolín y en saltar. En un día tan hermoso como éste, preferiría estar saltando que tocando el violín.

Su profesor de violín, el señor Pinkerton, estaba en su casa, ayudándola a practicar. Él hacía muecas mientras ella tocaba. —No, Kwan —le dijo con un poco de impaciencia—, esto lo hemos practicado una y otra vez. Recuerda, esta parte se toca un poco más lento que las otras. Trátalo de nuevo y hazlo un poco más despacio esta vez.

Kwan cerró los ojos, respiró profundamente y colocó el arco sobre el violín una vez más. ¡Con razón el señor Pinkerton estaba siendo tan exigente con ella! Ella había escrito notas en las hojas de música para recordar cuáles partes había que tocar más lento. Había practicado la sonata por varias semanas, pero simplemente no podía lograr que le saliera bien.

El señor Pinkerton estaba ayudando a Kwan a prepararse para dos eventos: un espectáculo de talentos que se llevaría a cabo en el pabellón del colegio la semana próxima y la audición para la función musical el mes siguiente.

Los dos eventos eran importantes para Kwan. Quería ser parte de la función musical, pero al paso que iba no creía que iba a estar preparada para la audición.

Kwan empezó a tocar otra vez. Hizo muecas cuando se dio cuenta de que no había disminuido el ritmo cuando debía. ¡Simplemente, no podía lograrlo! La ponía nerviosa el pensar que nunca lograría hacerlo bien y esto la hacía tocar aún peor.

—Tratemos algo nuevo, Kwan —le dijo el señor Pinkerton—. Usemos un metrónomo para que disminuyas el ritmo. Simplemente sigue el compás del metrónomo y así lo harás bien.

Kwan practicó por unos diez minutos más, siguiendo la sugerencia del señor Pinkerton. Parecía dar resultado.

Cuando se acabó la práctica y se despidió del señor Pinkerton, Kwan salió al patio. Unos buenos saltos eran lo que parecía necesitar. Antes que nada, hizo unos ejercicios de estiramiento en el piso. Luego, llamó a sus padres para que la velaran mientras ella brincaba, por cuestión de seguridad. Para calentar, hizo unos saltos comunes y corrientes por cinco minutos.

Luego empezó a hacer unos saltos más difíciles. Se tocó los dedos de los pies mientras estaba en el aire. Aterrizó sobre la espalda y luego dio una vuelta para aterrizar sobre el estómago. En el aire, dio volteretas hacia adelante y hacia atrás.

Luego hizo un truco que había estado practicando. Cuando los pies estaban a punto de tocar el trampolín, tiró una pelota en el aire. Luego saltó y la atrapó cuando ésta estaba en camino de regreso hacia abajo. Su deseo era poder llegar a hacer malabares con varias pelotas mientras saltaba en el trampolín, pero todavía no era muy buena en eso.

Después de media hora de saltar y hacer piruetas en el aire, Kwan se sintió mucho mejor. Hasta se sentía lista para practicar la sonata una o dos veces antes de la comida. Se sorprendió muchísimo cuando tocó la pieza entera de forma correcta. ¡Quizás la audición y el espectáculo de talentos no serían un desastre después de todo!

El sábado por la mañana, Kwan tenía que practicar con su acompañante, la señora Nakazawa. —Sonó estupendo, Kwan —le dijo la señora Nakazawa cuando habían terminado—. Espero con anhelo nuestra presentación el jueves por la tarde. —La música siempre sonaba mucho mejor cuando estaba acompañada por el piano.

El resto de la semana pasó bastante rápido. El día antes del espectáculo, Kwan se sentía muy segura de sí misma. Hasta el señor Pinkerton le había dicho algunas palabras alentadoras durante la lección de violín el miércoles. Esa noche, sin embargo, la madre de Kwan tenía malas noticias.

—Tu acompañante llamó mientras estabas en el colegio —le dijo—. Dijo que se había caído patinando con su hija. Se rompió la muñeca y no podrá tocar el acompañamiento mañana.

—¡Ay, no! —dijo Kwan—. ¿Qué voy a hacer? ¡Va a ser imposible encontrar a alguien que la reemplace con tan poquito tiempo!

—Tienes sólo dos alternativas —le dijo su madre—. O presentas otro número que puedas hacer sola, o no te presentas en la audición.

Kwan se pasó el resto de la tarde pensando en qué podría hacer. Retirarse del espectáculo no era una opción. Kwan quería realmente ser parte de él, pero ¿cómo? Tendría que pensar en algo que sabía hacer bien, ya que no quedaba tiempo para practicar una pieza musical nueva.

De pronto tuvo una idea. ¡Quizás podría saltar en el trampolín! Cuando consultó con sus padres durante la comida, ellos opinaron que era una idea excelente. —Yo puedo dejarte el trampolín listo en la parte de atrás del escenario. Sólo tendrías que pedir a alguien que lo ponga en el escenario cuando sea tu turno —le dijo su padre.

Al día siguiente en el espectáculo de talentos, Kwan resultó ser un éxito. Hizo todos los saltos y piruetas que había practicado por tanto tiempo. Cuando terminó su presentación, el público se enloqueció. A Kwan le sorprendió ver que todo el público se levantaba para aplaudir. Algunos hasta saltaban para mostrar su reconocimiento. Kwan había escuchado la frase "ovación de pie", pero nunca había oído de una "ovación de saltos". De alguna manera, le parecía acertada.

Crucigrama

Copia en una hoja de papel cuadriculado este crucigrama. Luego usa las pistas para completar el crucigrama. (Las respuestas se encuentran al reverso de esta página.)

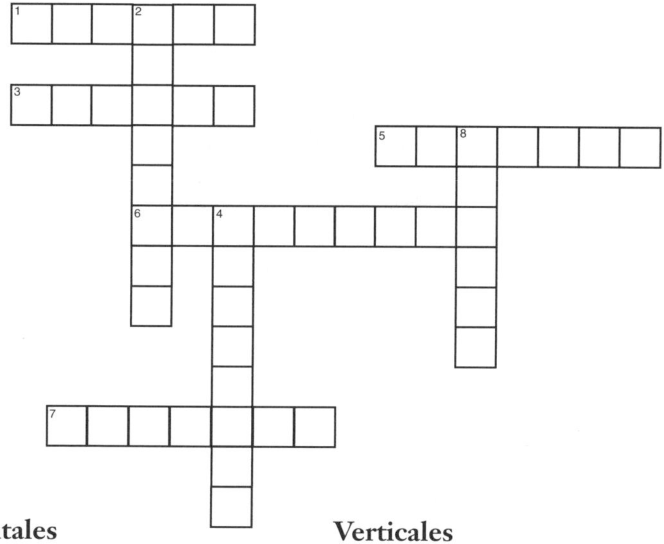

Horizontales

1. A Kwan le encanta _____ y hacer piruetas en el aire.
3. Kwan toca el _____.
5. Kwan quiere estar en la función _____.
7. El _____ le dio a Kwan una ovación de saltos.

Verticales

2. Kwan practicaba para el espectáculo de _____.
4. La _____ será en un mes.
6. A Kwan le gusta saltar en el _____.
8. Kwan estaba practicando para tocar una _____.

La escuela y la casa Comente con su niño el concepto de que practicar algo ayuda a que una persona mejore en eso.

LIBRO PARA LA CASA

Ritmos y fiestas

Use con “La función”

Respuestas:

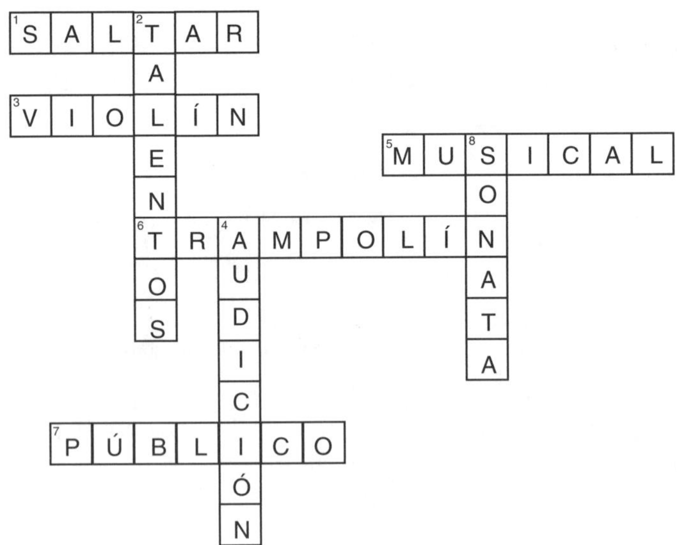